Leonard Koen
NAPREDOVANJE STILA

I0181402

REČ I MISAO

NOVA SERIJA

415

Izbor, prevod i pogovor
BOGDAN MRVOŠ

Urednici
JOVICA AĆIN
DRAGAN LAKIĆEVIĆ

LEONARD KOEN

NAPREDOVANJE STILA

Izabrane pesme

IZDAVAČKA RADNA ORGANIZACIJA „RAD"
BEOGRAD, 1988.

HAJDE DA POREDIMO MITOLOGIJE

PESMA HELENISTE

Te neosenčene prilike, zaobljene linije ljudi
koji kleče ukraj kovrdžavih talasa, zabavljeni
šarenim pticama —
  Da je to bio put koji dobija,
  Pustio bih duge vlasi od uglova mojih usana. . . .

O gradovi Dekapolisa s one strane Jordana,
suviše ste veliki; naši mladići vam se dive,
a ljudi na vlasti činili su da se gimnazije
podižu u Jerusalimu.
  Kažem ti, narode moj, kipovi su suviše visoki.
Kraj njih mi smo mali i ružni,
  tek mrlje u podnožju.

Moje ime je Teodosije, ne zovite me Džonatan.
Moje je ime Dositej, ne zovite me Natanijel.
  Zovite nas Aleksandar, Dimitrije, Nikanor. . .

„Videste li moje zemljake u muzejima,
briljantne naučnike sa prljavim noktima,
kako stoje ispred mermernih bogova,
  ispod sudbine?"
Među pravilnim nosevima, stvarnim i izvajanim,
izgovorio sam svoje mudre opaske ranije smišljene,
narugao se Protokolu, uzroku rata,
  citirao „Bleštajn sa Cigarom".

A u salonu čiji veliki prozor obuhvata ceo grad,
u salonu među damama i gospodom,[1]
među lepo začešljanom mladeži, nasmejao sam ih
kad je ušlo neko dete:
    „Dođi, trebaš mi za Pasha-kolač."
I pipkao sam njihove visoke čiste žene,
misleći zbog nečeg da su prljave,
    kao riba bez krljušti.
One su mi se blago smešile,
a u njihovim prijateljima —
    čudim se šta to oni vide.

O gradovi Dekapolisa,
zovite nas Aleksandar, Dimitrije, Nikanor. . .
    Tamne žene, uskoro vas neću voleti.
Moja će se deca hvaliti precima sa Maratona
i ispod zidina Troje,
    a Atina, moja najveća radost —

O zovite me Aleksandar, Dimitrije, Nikanor. . .

---

[1] Koen doslovce piše „Herrenmenschen" aludirajući na nemač-
ko poreklo okupljenih u salonu. — *Prim. prev.*

KAD OVA AMERIČKA ŽENA

Kad ova američka žena,
čija su bedra utegnuta u obično crveno platno,
prođe grmeći pored mesta gde sedim
nalik pališumi mongolskoj hordi,
grad je ushićen
i trošne stogodišnje zgrade
stropoštavaju se na ulicu;
a moje oči postaju slepe
za izvezene kineske devojke,
već ostarele,
i tako male između vitkih borova
na onim ogromnim predelima sa slike,
pa čim samo pomeriš glavu
njih dugo biti neće.

PESMICA

Gola devojka koja plače
misli na mene
okreće moje ime od bronze
opet i opet
sa hiljadu prstiju
svoga tela
miropomaže svoja ramena
zapamćenim mirisom
moje kože

O ja sam general
iz njene istorije
preko poljâ
gonim velike konje
odeven u zlatno ruho
vetar je u mom grudnjaku
sunce na mom stomaku

Kad bi mogle dobre ptice
nežne kao priča njenim očima
da joj zaštite lice
od mojih neprijatelja
i kad bi zle ptice
čija su oštra krila
iskovana u metalnim okeanima
mogle sačuvati njenu sobu
od mojih ubica

Kad bi noć prema njoj bila nežna
visoke zvezde čuvale belinu
njenog obnaženog tela
Kad bi moje bronzano ime
uvek doticalo njenih hiljadu prstiju
i bivalo svetlije sa njenim plačem
sve dok ne postanem nepokretan
kao galaksija i zapisan
u njenim tajnim i krhkim nebesima.

TI LEGENDARNI

Da imam svetački oreol
i ljudi u tramvajima
okreću se da me vide;
da mogu provlačiti svoje telo
kroz bistru vodu
uporedo sa ribama i vodenim zmijama;
da sam u stanju oprljiti svoje perje
u letu ispred sunca;
zar misliš da bih ostao u ovoj sobi,
kazivao ti stihove
i zamišljao žestoke prizore
na najmanji pokret tvojih usta?

LJUBAVNICI

Sreli su se za vreme prvog pokolja
Iza ruševina svojih domova —
Slatki trgovci: trampila se njena ljubav
Za prošlost punu stihova.

I u krematorijumu oni su
Vešto stigli da se poljube
Pre nego je vojnik došao
Da počupa njene zlatne zube.

Dok je ženu gutala vatra
I plamen bivao sve veći,
On je pokušao da poljubi njene grudi
I u samoj peći.

Kasnije se često pitao:
Da li je njihova trampa bila potez pošten?
Dotle su ljudi oko njega pljačkali
I znali da je on bio prevaren.

PISMO

To kako si pobio svoju porodicu
za mene nema značaja
dok se tvoja usta kreću po mom telu

Ja znam tvoje snove
o gradovima što se ruše i konjima što jure
o suncu koje dolazi suviše blizu
i o noći koja nema kraja

ali sve to nema značaja
pored tebe živog

Znam da napolju besni rat
da ti izdaješ naređenja
da su deca podavljena i generali giljotinirani

ali krv za mene nema značaja:
ona ne dotiče tvoj stas

ukus krvi na tvome jeziku
ne sablažnjava me
dok mi ruke urastaju u tvoju kosu

Ne misli da ja ne razumem
šta se dešava
pošto je vojska bila masakrirana
i kurve stavljene pod mač

Ja ovo pišem samo zato da te opljačkam
jer kad jednog jutra moja glava
kapljući bude visila sa tvojih kućnih vrata
zajedno sa onim generalima

pošto je sve bilo predskazano
znaćeš da to za mene nije imalo značaja.

ULICA SVETE KATARINE

Visoke crne monahinje plaše nas
dok nezgrapno koračaju duž tramvajskih sedišta
amajlije i talismane stegle opreznim prstima
za nepromišljeni pogled obećavaju kugu
Zato mi ustupamo svoja mesta
    što je cena nekog oproštaja

Kako bismo mi mogli biti sveci i živeti u zlatnim
                                kovčezima
Ko bi na našim kamenim policama ostavljao
    patetične pozive za posredovanje
Otkud bismo mi mogli biti spokojni mermerni bogovi
                        na okeanskim oltarima
Ko bi nas ubio zbog nekog višeg cilja

Nema ovde teških iskušenja
Vatra i voda su nestali iz ruku čarobnjaka
Mi ne možemo mučiti niti biti mučeni
Naše oči nisu vredne da ih zgnječi noga inkvizitora
Nema vođe koji bi straćio vrelo olovo
    ili za nas pravio okovani sanduk

Jednom je usplamtelog stomaka ona igrala duž zelene
                                staze:
Lagano ispruži svoju ruku kroz paučinu
    i namesti savitljive žice za lutke
Sada su daire dosadne
momci i ne primećuju njenu zadignutu suknju
nikom nije stalo do njenog tela

16

Kupali bismo se u bistroj reci
ali su gubavci u nekoj svojoj zloj nameri
izvršili samoubistvo u vodi
i sva ta naduvena mirna tela poklopila su drugi
	plen za lopova koga nije strah ili za prosjaka

Kako možemo voleti i moliti se
kada u našim ljubavničkim rukama
čujemo vlažna zvona onih
koji su jednom primali gorku milostinju
a sada tiho plove niz vodu

Da li će iko od naših tela isklesati beli krst
za vetrom izbrazdanu planinu
ili je taj iznevereni čovekov bol
bio dovoljan da dokrajči sve strasti

Da li su ova sasušena lica i ruke što gledamo
sve što je ostalo od monahinja
Da li su one u stvari vešto napravljeni
	diskretni zastori
koje su spretni evnusi pripremili
za naše ustreptale prijateljice

BALADA

Moja gospa je nađena iskasapljena
u jednom pansionu u Maunten-ulici.
Moja gospa je bila visoka vitka ljubavnica,
    kao jedna od Tenisonovih devojaka,
i uvek si je zamišljao uspravljenu na čistokrvnom
                      ždrepcu
u nečijoj privatnoj šumi.
    Ali evo je,
gola na nekom starom krevetu, grudi nožem
isparane, noge strašno iskasaspljene:
Mrtva dva dana.

Obećali su mi brzu istragu.
Prisluškivaćemo maloletnike koji
    po dragstorima pretražuju korice džepnih knjiga.
Zabeležićemo svaki preteran smeh
    na scene mučenja po bioskopima.
Posmatraćemo starce na Dominion skveru,
    njihovim pogledom merkati
sekretarice iz San Lajfa u pet i trideset...

Možda ga je upozorila žuta štampa.
Ma ko bio, mladić je došao sam
da gleda zaplašenu plavušu kojoj bluzu cepaju
neke nepoznate ruke;
ta osoba je šakom pokrila usta
    dok je posmatrala kako žarač gasi oči
rimskog zatočenika;
starac se pravio da navija svoj džepni sat...

Čovek nikada nije pronađen.
Ima toliko gradova!
    toliko njih je čulo za moju gospu i njenu lepotu.
Možda je taj došao iz Toronta, polulud,
    tražeći žensku za kraj nedelje;
ili je to bio pakosni pesnik suviše dugo nasukan u
                               Vinipegu;
ili Novoškotlanđanin koji beži od stena i
                    propovednikâ. . .
Svako je znao moju gospu
    iz filmova i umetničkih galerija.
Telo po Goldvinu. Botičeli je naslikao njene duge
udove.
Roseti sočna usta.
Engr je obojio njenu kožu.
    Nije trebalo da toliko samouvereno
šeta ulicama.
Pa ipak, bila je godina Svete Gospe, godina
kad su rabini izronili iz svog pustinjskog izgnanstva,
godina kad je svet bio popaljen reklamom paste za
                    zube. . .
Sahranili smo je u proleće.
    Vrapci u vazduhu
plakali su što smo morali da prekrijemo zemljom
    jedno tako milo lice.

Bilo je tu ružâ
    i toliko su lepo mirisale
da su se svi moji prijatelji zaljubili jedni u druge
    i mi smo zaigrali nad njenim grobom.

PESMA

Pričali su mi o čoveku
koji reči izgovara tako lepo
da ako im samo pomene ime
žene mu se same daju.

Ako sam bez reči pokraj tebe
dok tišina kao tumor cveta na našim usnama
to je zato što čujem nekog na stepeništu
pročišćava grlo ispred naših vrata.

UPOZORENJE

Ako tvoj sused nestane
O ako tvoj sused nestane
Mirni čovek koji je grabuljao svoj travnjak
Devojka koja se stalno sunčala

Nikad to ne spominji ženi
Nikada ne kaži za vreme večere
Bilo šta da se dogodilo tome čoveku
Koji je često grabuljao travnjak

Nikada ne reci kćeri
Dok se zajedno iz crkve vraćate kući
Šta bi s onom devojkom
Nisam je video već mesec dana

A ako ti sin kaže
Nikog nema kod suseda
Svi su nekuda otišli
Pošalji ga bez večere u krevet

Jer se to može raširiti, može se raširiti
I jedne lepe večeri dok se vraćaš kući
Tvojoj ženi i kćeri i sinu
Može pasti na um da nekuda odu

KUTIJA SA ZAČINIMA
ZEMLJE

ZMAJ JE ŽRTVA

Zmaj je žrtva u koju si siguran.
Voliš ga jer te vuče
dovoljno nežno da budeš gazda,
dovoljno snažno da budeš budala;
jer on živi
kao očajni istrenirani soko
u visokom mekom vazduhu,
a ti ga uvek možeš povući dole
da ga pripitomiš u svojoj fioci.

Zmaj je riba koju si već uhvatio
u bari gde nema riba,
pa se njime igraš bezbrižno i dugo,
i nadaš se da on neće odustati
niti će vetar oslabiti.

Zmaj je najnovija pesma koju si napisao,
pa je nudiš vetru,
ali ga ne puštaš da sasvim ode
sve dok ti neko ne nađe
nešto drugo za zabavu.

Zmaj je ugovor o slavi
koji mora biti sklopljen sa suncem,
pa se sprijateljiš sa poljem
rekom i vetrom,
tada se celu prethodnu hladnu noć moliš,
ispod meseca koji putuje bez žice,
da te učini dostojnim i nežnim i čestitim.

CVEĆE KOJE SAM OSTAVIO U POLJU

Cveće koje sam ostavio u polju,
koje nisam ubrao za tebe,
danas vraćam,
neka zauvek raste,
ne u pesmama ili mermeru,
već tamo gde je palo i istrunulo.

I brodove u njihovim velikim dokovima,
ogromne i prolazne kao heroji,
brodove kojima nisam mogao komandovati,
danas vraćam,
neka zauvek plove,
ne kao maketa ili balada,
već tamo gde su se razbili i potonuli.

I dete na čijim ramenima stojim,
čije sam žudnje pročistio,
javno, više nego strogo,
danas vraćam
da zauvek čami,
ne u ispovesti ili biografiji,
već tamo gde je procvetalo,
postajući zlobno i kosmato.

Nije pakost to što me odvlači,
što me goni odricanju, izdaji:
to je zamor, odlazim jer si me zamorila.
Zlato, slonovača, telo, ljubav, Bog, krv, mesec —
Postao sam stručnjak za popis.

Telo moje jednom tako prisno sa slavom,
telo moje postalo je muzej:
ovaj deo zapamćen zbog nečijih usta,
ovaj deo zbog ruke,
ovaj zbog vlage, ovaj zbog vreline.

Da li iko ima nešto što nije sam stvorio?
Tvojom lepotom ja nisam obuzet
koliko ni konjskom grivom niti vodopadima.
Ovo je moj poslednji program.
Izgovaram bez reči
Ja te volim, Ja te volim —
i puštam te da zauvek odeš.

POKLON

Ti mi kažeš da je tišina
bliža miru nego pesme
ali kad bih ti za poklon
doneo tišinu
(jer znam šta je tišina)
ti bi rekla
To nije tišina
to je još jedna pesma
i vratila bi mi je nazad.

POSTOJE IZVESNI LJUDI

Postoje izvesni ljudi
čija bi imena trebalo da planine
nose u budućnost.

Nadgrobne humke nisu dovoljno
visoke niti zelene,
a sinovi odlaze što dalje
da pobegnu od pesnice
na koju će im uvek ličiti očeva ruka.

Imao sam prijatelja:
živeo je i umro u moćnoj tišini
i dostojanstveno,
za sobom nije ostavio ni knjigu,
ni sina niti ljubavnicu da ga oplakuju.

Ovo nije tužbalica
već samo traženje imena za tu planinu
po kojoj hodam,
planinu mirisnu, tamnu, nežno belu
ispod linije magle.
Planini dajem njegovo ime.

TI SVA U BELOM

Ma koji gradovi bili porušeni,
ja ću ti ivek donositi pesme,
i plodove iz voćnjaka
kraj kojih prolazim.

Stranci u tvome krevetu,
onemogućeni našom tugom,
slušajući sneno šaputanje
čuće prekrasno objašnjenje za svoju strast,
i plakaće jer ne mogu da ljube
tvoje odsutno lice.

Ljubavnici moje voljene,
gledajte kako mi reči oblače njena usta kao haljine,
kako reči nose njeno telo poput retkog šala.
Voće je naslagano kao piramida na prozorskoj dasci,
pesme lepršaju nasuprot zida koji nestaje.

Nebo iznad grada
umiveno je vatrom
od kedrovine iz Libana i zlata.
U dimnim filigranskim kavezima
majmuni i pauni su uznemireni.
Sada kavezi više nisu dovoljni,
u ulici koja gori čovek i životinja
nestaju jedno drugom u rukama,
pauni tonu oko prestola koji se topi.

Da li je to kralj
što leži kraj tebe slušajući?
Da li je to Solomon ili David
ili mutavi Karlo Veliki?
Da li je to njegova kruna
u kovčegu pored tvog kreveta?
Kad se opet sretnemo,
ti sva u belom,
ja mirišući na voćnjake,
kad je sretnemo —

Ali sada se ti budiš
i umorna si od ovoga sna.
Okreni se prema tužnookom čoveku.
Ostao je celu noć kraj tebe.
Imaćeš nešto
da mu saopštiš.

ON SE KLATI, ŠIMPANZO

On se klati, šimpanzo,
ali mi ne želimo toliko mesa u njemu.
Uradi sve kao vernici iz petnaestog veka,
ljubav bez vrhunca,
neprestana ljubav,
i strast bez tela.
(Rastegni ga, šimpanzo, taman
koliko je dugačka zmija iz Mojsijeve ruke;
kako je on morao vrisnuti
videći da zmija izlazi iz njega;
nije čudno što se nikad nije osećao kao svetac:
mi hoćemo takav vrisak večeras.)
Polako, polako,
želim da budem gladan,
gladan hrane,
ljubavi, tela;
Hoću da mi snovi budu o odricanju,
zlatne čivije povađene su sa mojih hramova.
Kada sam gladan,
onda sam veliki,
i volim kao strastveni naučnik
koji zna da je nebo
sačinjeno jedino od talasnih dužina.
Dakle, ako ti hoćeš da se uspraviš,
upravi se lagano,
mi ćemo polako marširati gradom.
Ja sam iza tebe, čoveče,
a ulice su prepune piletine i prstića,
belih bataka i obnaženih ruku.

Krećimo se na vrhovima prstiju,
kao monasi ispred kipa Device.
Mi smo sagradili ovaj grad,
dovukli vodu u njega,
mi dangubimo oko ledenih klizališta,
barova, festivalskih dvorana,
kao Brojgelovi ljudi.
Gladni, gladni.
Vrati se, šimpanzo,
ponudi sve to opet ovome svetu,
na tebe je red.

IMAŠ LJUBAVNIKE

Imaš ljubavnike,
oni su bezimeni, njihove prošlosti svaka za sebe,
a ti imaš sobu, postelju i prozore.
Pretvaraj se da je to ritual.
Razmesti krevet, zakopaj ljubavnike, zamrači
                                            prozore,
pusti ih neka žive u kući generaciju ili dve.
Niko se ne usuđuje da ih uznemiri.
Posetioci na prstima prolaze hodnikom kraj dugih
                                      zatvorenih vrata,
osluškuju čuje li se stenjanje, zvukovi, pesma:
ništa se ne čuje, čak ni disanje.
Ti znaš da oni nisu mrtvi,
možeš osetiti prisustvo njihove silne ljubavi.
Tvoja deca rastu, napuštaju te,
postaju vojnici i konjanici.
Tvoj družbenik umire posle života provedenog
                                            služeći.
Ko zna tebe? Ko te se seća?
Ali u tvojoj kući ritual se širi:
tu nema kraja: treba mu još ljudi.
Jednog dana vrata ka ložnici otvaraju se.
Soba je postala gusti vrt,
prepun boja, mirisa, zvukova kakve nikad nisi
                                         poznavala.
Postelja je glatka kao nafora od sunčeva zraka,
u magli vrta postoji samo ona.
U postelji ljubavnici, lagano i namerno i tiho,
izvode ljubavni čin.

Oči su im sklopljene
tako čvrsto kao da teški metal leži na njima.
Usta su im prošarana novim i starim modricama.
Njena kosa i njegova brada beznadežno su zapleteni.
Kad on stavi svoja usta na njeno rame
ona nije sigurna da li je njeno rame
dalo ili primilo poljubac.
Celo njeno telo je kao jedna usta.
On pokreće svoje prste duž njenog struka
i oseća da je njegov sopstveni struk pomilovan.
Ona ga privlači k sebi i njegove se ruke stežu
                                        oko nje.
Ona ljubi ruku pored svojih usta.
To je njegova ruka ili njena ruka, nije važno,
toliko je mnogo poljubaca.
Ti stojiš uz postelju, plačući od sreće,
pažljivo odvajaš pokrivače
od tela koja se lagano kreću.
Oči su ti pune suza, jedva razaznaješ ljubavnike.
Dok se svlačiš ti uzvikuješ i tvoj glas je čudesan
jer ti sad veruješ da je to prvi ljudski glas
koji se čuo u ovoj sobi.
Puštaš da odeća padne u vinovu lozu.
Uvlačiš se u krevet i oporavljaš telo.
Zatvaraš oči i puštaš ih da budu kao zašivene.
Širiš ruke u zagrljaj i u njega padaš.
Postoji samo jedan trenutak bola ili sumnje
dok se pitaš koliko ih sve leži pored tvoga tela,
ali usta već ljube i ruka odnosi taj tren.

POSEDUJUĆI SVE

Zbog tebe kažem da ću slaviti mesec,
odrediti boju reke,
naći nove reči za agoniju
i ekstazu galebova.

Pošto si blizu.
sve što ljudi čine, posmatraju
ili sade jeste blizu, jeste moje:
galebovi koji lagano lepršaju, tiho pevaju
na kopljima vetra;
gvozdena kapija iznad reke;
most koji između kamenih prstiju nosi
njenu hladnu sjajnu bisernu ogrlicu.

Grane drveća sa obale,
kao drhtave linije reka na geografskim kartama,
dozivaju mesec za saveznika
da bi on opravdao njihove žestoke odlaske
sa crnog neba,
ali ništa se ne odaziva.
Grane jedino daju zvuk
brzini vetra.

Sa tvojim telom i tvojim glasom
ti si govorila u ime svih,
ja više nisam stranac,
poistovetila si me
sa korenom i galebom i kamenom,
a pošto spavam toliko blizu tebe

ne mogu se grliti
niti nasamo voleti s njima.

Ti se bojiš da ću te napustiti.
Neću te ostaviti.
Jedino stranci putuju.
Posedujući sve,
ja nemam kud da odem.

PESMA ROGONJE

Ako ovo izgleda kao pesma
mogao bih te na samom početku upozoriti
da mi to nije bila namera.
Ne želim ništa da pretačem u poeziju.
Znam sve o njenom udelu
ali to nije bitno u ovom času.
Ovo je samo između tebe i mene.
Lično baš me briga ko je koga namamio:
u stvari pitam se šta se to uopšte mene tiče.
Ali muškarac nešto mora da kaže.
Ti si nju oborio sa pet Mek'Kjuan piva,
odveo je u svoju sobu, izabrao prave ploče,
i za sat-dva sve je bilo gotovo.
Ja znam sve o strasti i časti
ali po nesreći ovo nije imalo nikakve veze ni sa
jednim niti drugim:
O, bilo je malo strasti, u to sam sasvim siguran
i čak malo časti
ali najvažnije je bilo nabiti rogove Leonardu Koenu.
Do đavola, mogao bih ove redove poslati oboma:
nemam vremena da pišem dva pisma.
Moram izgovoriti svoje molitve.
Moram čekati na prozoru.
Ponavljam: najvažnije je bilo nabiti rogove
                                    Leonardu Koenu.
Sviđa mi se ovaj stih jer je u njemu moje ime.
Ono što doista ne podnosim
jeste što je sve kao nekad:
ja sam još uvek nekakav prijatelj,

još uvek sam nekakav ljubavnik.
Ali ne za dugo:
zato ovo i govorim vama dvoma.
Stvar je u tome ja se pretvaram u zlato, pretvaram se
u zlato.
Dug je to proces, kažu,
događa se po fazama.
Ovim vas obaveštavam da sam se već pretvorio u
ilovaču.

SVEČANOST

Kada klečiš ispod mene
i obema rukama držiš
moju muškost kao žezlo,

kada obaviješ svoj jezik
oko dragulja boje ćilibara
i izazoveš moj blagoslov,

ja shvatam one rimske devojke
koje su igrale oko kamenog stuba
i ljubile ga sve dok se ne bi ugrejao.

Kleči, ljubavi, hiljadu stopa ispod mene,
toliko daleko da jedva vidim kako tvoja usta
i ruke izvode obred.

Kleči, dok se ne srušim na tvoja leđa
stenjući kao oni bogovi sa krova
koje je oborio Samson.

KAO ŠTO MAGLA
NE OSTAVLJA TRAG

Kao što magla ne ostavlja trag
Na tamnozelenoj litici,
Tako moje telo ništa
ne menja na tebi, niti će.

Kad se sretnu vetar i jastreb,
Šta ostaje da pamtimo?
Tako se ti i ja nađemo,
Onda se okrenemo pa zaspimo.

Kao što mnoge noći potraju
Bez zvezda i mesečine,
Tako ćemo mi biti na kraju
Kad nas razdvoje daljine.

TRENUTAK SNA

Ispod pečvork[1] pokrivača njene bake
iz ugla ptice od pamuka
klasje i međe
blago označavaju predele njenog tela;
moja Eni spava kao prava gospa

Poput vekova snega koji nema težinu
na sićušnim okeanima punim svetlosti
duboko ispod njenih očnih kapaka
senke su rođendanskih sveća:
svaka za jedno jutro
do ovog trenutka sna

Mala zastava krvi
koju je čuvao i nosio Brat Vetar
dugo pošto se srušila pogođena ptica
podseća na njena crvena usta
među naborima jastuka

Oni što nose vizije zla
mračne namere i gadne običaje
a dolaze da razderu pokrivač
okuže oko i pokopaju usta
zadovoljiće se ovaj put moćnom Majkom Guskom
i Framerom Braunom i svim lepim pričama
o nepobedivoj nadi
pričama koje čuvaju njen san
kao lepo vreme sunčevu koronu

42

Dobronamerni i onaj ko je voli
mogu ostati da gledaju moju Eni
dok spava kao prava gospa
ispod pečvork-pokrivača njene bake
ali moraju obećati da će šaputati
i nestati pre svanuća —
svi osim onog ko je voli.

---

[1] „Pečvork" i kod nas već označava pokrivač napravljen od krpa
— *prim. prev.*

MOJOJ ENI

Otkad nema Eni,
Čije oči porediti
Sa suncem jutarnjim?

Nije da sam poredio
Već to sada činim
Kada sam je izgubio.

CVEĆE ZA HITLERA

ŠTA JA RADIM OVDE

Ne znam da li je svet lagao
Ja sam lagao
Ne znam da li je svet kovao zavere protiv ljubavi
Ja sam ih kovao
Atmosfera mučenja nije utešna
Ja sam mučio
Čak i bez pečurkastog oblaka
jednako bih mrzeo
Slušaj
Uradio bih iste stvari
čak i da nije bilo smrti
Mene neće držati kao pijanca
ispod hladne slavine činjenica
Odbijam univerzalni alibi

Kao prazna telefonska govornica
pored koje se noću prođe i zapamtiš je
kao ogledala u predvorju bioskopa
koja zatrebaju samo na izlasku
kao nimfomanka koja povezuje njih hiljadu
u neobično bratstvo
Ja čekam
svakog od vas da se ispovedi

OGNJIŠTE

Dan nije bio sasvim moj
što sam proverio
    pronašavši ga u zvaničnom kalendaru.
Spotičući se o mnoge noge
dok sam šetao parkom
    takođe sam shvatio da moja žudnja
nije neko posebno remek-delo.

Građevine već sazidane
ratovi isplanirane krvi i oni vođeni
ratnici koji su se uzdigli do generala
    zaslužili su jednu poštenu misao
dok sam šetao parkom.

Tiho sam se vratio do tvoje kuće
koja zauzima mesto na ulici.
    Nijedna kuća nije
nestala kad sam se vratio.
Ti si rekla da me je neka muka
    naučila tome.

Sporo učim Počeo sam da govorim
o zvezdama i orkanima.
    Dođi mali Galileju —
ti si prizemljila moju viziju —
    sve je mnogo srećnije i lakše
inače ne bi bilo toliko sveta.

Kasnije si vezla
       a ja sam pobrojao mnoge stvari
koje su uradili tvoji prsti.
Kao da me častiš slatkišima
       za moju strastvenost na tepihu
ti si se kod jedne petlje začudila:
Šta onda sa tim zvezdama i orkanima?

ODELO

Zaključan sam u veoma skupo odelo
staro elegantno i nepoderivo
Jedino je kosa bila u stanju da se oslobodi
ali je neko u nju
sasuo svoju perut
Sada ću ti reći
sve što treba znati o optimizmu
Svaki dan u ogledalu radkapne
u odblesku supe
u naočarima drugih ljudi
Ja isprobavam kosu
za armiju alpinista
za induske majstore trika sa konopcem
za lupinge avijatičara
za goluba i albatrosa
za insekte samoubice
za ružne sneško-beliće
Ja isprobavam kosu
za akrobate svake vrste
Odan kao neki automatski lift
češljam kosu za sve moguće prilike
teglim vrat
suprotno propisu naginjem se kroz prozor
dok se krećemo
i samo zbog berberina
nosim šešir

MOJ UČITELJ UMIRE

Marta kažu da si ti otmena
Nema sumnje da se u tome trudiš
Zbog čega te ja onda vidim
kako trčiš u nerazmeštene krevete
kako prigušuješ telefon
Zbog čega te ja onda vidim
kako u kamin sklanjaš svoje
prljave najlonke
Marta pričaj sa mnom
Moj učitelj umire
Njegov smeh je već mrtav
a bio je rskavica
između okoštalih činjenica
Sada one glasno zveče
Marta pričaj sa mnom
Mauntin ulica umire
Stan broj petnaest umire
Stan broj sedam i broj osam umiru
Svi podstanari umiru
Marta pričaj sa mnom
Hteo sam sve igračice
da nastanim poput njegovog starog razreda
gde je sve što se dešavalo
bilo dirljivo i važno
Marta pričaj sa mnom
Izbaci iz kuće lažnu japansku tišinu
Viči u mojoj kuhinji
logaritme spisak stvari za pranje
bilo šta

Pričaj sa mnom
Moj radio se raspada
Moje izdaje su tako sveže
one još uvek dolaze sa objašnjenjima
Marta pričaj sa mnom
Kakva odvratna naravoučenija
demonstriraš svojim spavanjem
Pričaj sa mnom
jer moj učitelj umire
Kola su parkirana
sa obe strane ulice
neka okrenuta severu
neka okrenuta jugu
Ništa iz toga ne zaključujem
Marta pričaj sa mnom
Mogao bih zapaliti svoju klupu
kad pomislim kako smo savršeni
ti uspavana ja završavajući
poslednje stranice Svetog Emiliona
Pričaj sa mnom ljubazna Marta
ti koja sanjaš udarce masakre
kosu zakovanu za tavanicu
Čuvaću tvoju tajnu
Hajde da kažemo mlekaru
da smo rešili
spojiti naše sobe

ZA MOG STAROG LAJTONA

Svoj bol, nepriznat, on je ostavio
u fragmentima o ljubavi, sakriven
kao što mačka ostavlja govno
ispod kamena, pa je ispuzao u dan,
čist, uobražen, brz, spreman
da lovi ili spava ili gladuje.

Grad ga je pozdravio smećem
što je on protumačio kao pohvalu
svojoj skladnoj tvorevini. Kore narandži,
konzerve, bačene iznutrice pljuštale su kao konfete.
Za trenutak on je pokvario njihovo veče
bacajući senku na prozore pune mesečine
dok je uhodio spokoj otmenog sveta.

Jednom im je zavideo. Sada sa srećnim
krikom on je jurio od spomenika do spomenika
po njihovim najsvetijim mestima, pijan
da bi znao koliko je blizu mrtvima
pod zemljom, pijan da bi osetio koliko je voleo
drugare koji hrču, starce, decu iz grada.

Najzad, kao Timon Atinjanin, umoran
od ljudskog mirisa, mrzeći čak i
sopstvene tragove u divljini,
proganjao je životinje, nosio žive zmije, korov

kao narukvice. Kad se more
povuklo poput mokrog ćebeta
spavao je na kamenim izbočinama, težak,
bez snova, dok je slanosvetli vazduh
kao nekakva automatska laboratorija
gradio kristale u njegovoj kosi.

NAJZAD SAM POZVAO

Najzad sam pozvao svet koji nisam želeo da čujem
Posle trećeg signala rekoh
pustiću da zvoni pet puta, ali šta ću onda
Telefon je jedan fini aparat
ali nikad nisam naučio da ga upotrebljavam
Još pet signala i spustiću slušalicu
Toliko ipak znam kuda ide žica
Telefon beše crn sa srebrnim ivicama
Govornica je bila udobnija nego samoposluga
Tamo je bilo mnogo kremova i makaza i bočica
koje su mi bile potrebne
Zanimali su me razni sirupi protiv kašlja
Verujem da je vlasnik radnje mrzeo
svoj telefon i ljude poput mene
koji tako ljubazno traže sitninu
Odlučih da se držim iste ulice
i odem u četvrtu samoposlugu
i da im opet pozvonim

JEDINI TURIST U HAVANI
KOJI MISLI NA ZAVIČAJ

Dođite, braćo moja,
hajde da upravljamo Kanadom,
hajde da pronađemo svoje ozbiljne glave,
hajde da svalimo azbest na Belu Kuću,
hajde da naučimo Francuze engleski,
    ne samo ovde već svuda,
hajde da Senat mučimo pojedinačno
    sve dok ne priznaju,
hajde da pročistimo Novu partiju,
hajde da podstaknemo smeđe rase
    tako da budu popustljive
    kada pobede,
hajde da udesimo da CiBiCi govori engleski,
hajde da se svi nagnemo u jednom pravcu
    i otplovimo dole
    do obale Floride,
hajde da se bavimo turizmom,
hajde da flertujemo sa neprijateljem,
hajde da istopimo sirovo gvožđe u našim stražnjim
dvorištima,
hajde da prodajemo sneg
    nerazvijenim narodima,
(Je li istina da je jedan od naših
    nacionalnih vođa bio rimokatolik?)
hajde da terorišemo Aljasku,
hajde da ujedinimo
    crkvu i državu,
hajde da to ne primamo bez pogovora,

hajde da imamo dva generalna guvernera
u isto veme,
hajde da imamo još jedan zvanični jezik,
hajde da odredimo koji će to biti,
hajde da damo stipendiju Kanadskog saveta
najoriginalnijem predlogu,
hajde da dajemo časove seksa kod kuće
za odrasle,
hajde da pripretimo da ćemo se priključiti SAD
i da se izvučemo u poslednji čas,
braćo moja, dođite,
naše ozbiljne glave čekaju negde na nas
kao napuštene Gledstonove čakšire
posle državnog udara,
hajde da ih brzo obučemo,
hajde da zavedemo kamenu tišinu
na moreuzu Sen Lorens.[1]

Havana
april, 1961.

_____
    [1] Pesma nastala u doba poznatog neuspelog iskrcavanja kontraša u zalivu svinja na Kubi (1961) kad umalo nisu zaratili SAD i SSSR. — *Prim. prev.*

KRAH SVETOVNOG ŽIVOTA

Putujući zubar je došao kući
posle teškog dirinčenja.

Došao je kući sa svojim kleštima.
Spustio je svoju crnu torbu.

Žena ga dočeka otvorenim živcem
i krikom kakav u profesiji još ne ču.

On potpuno sagleda njen svakodnevni Dahau,
shvati da mu je karijera uništena.

Da li se moglo išta učiniti?
Prodade svoju torbu i klešta,

Rasturi sve. Muškarac mora biti u stanju
da svojoj ženi nešto pruži.

SVE ŠTO TREBA ZNATI
O ADOLFU AJHMANU

Oči:	Obične
Kosa:	Obična
Težina:	Srednja
Visina:	Srednja
Osobeni znaci:	Nema
Broj prstiju na rukama:	Deset
Broj prstiju na nogama:	Deset
Inteligencija:	Prosečna

Šta ste očekivali?

Kandže?

Prevelike sekutiće?

Zelenu pljuvačku?

Ludilo?

AUTOBUS

Bio sam poslednji putnik toga dana
Bio sam jedini u autobusu,
Bilo mi je drago što su trošili sav taj novac
samo da bi mene dovezli do Osme avenije.
Vozaču! Viknuo sam, samo smo ti i ja večeras,
hajde da pobegnemo iz ovog velikog grada
do varošice koja je za našu dušu,
hajde da se provezemo kraj bazenâ u Majami Biču,
ti na vozačkom sedištu, ja nekoliko sedišta iza,
a u rasističkim mestima zamenićemo se
da pokažemo kako si uspeo gore na Severu,
i hajde da za nas pronađemo američko ribarsko seoce
u nepoznatoj Floridi
i parkirajmo tačno uz ivicu peska
golemi autobus koji skreće pažnju,
metalni, obojeni, napušteni,
sa tablicama Njujorka.

SUDBINA

Želim da tvoje toplo telo nestane
bez buke i ostavi me samog u kadi
jer hoću da razmislim o svojoj sudbini.
Sudbino! zašto me zatičeš u ovoj kupaonici,
lenjog, samog, neopranog, čak i bez želje
da se okupam u poslednji čas?
Zašto me ne nađeš na vrhu telefonskog stuba,
dok popravljam linije između dva grada?
Zašto me ne nađeš dok jašem konja na Kubi,
mene džina sa crvenom mačetom?
Zašto me ne nađeš dok predajem o mašinama
slabim učenicima, crnoputim Špancima,
srećnim što to nije kurs stvaralačkog pisanja?
Vrati se, toplo malo telo,
vreme je za neki drugi dan.
Sudbina je utekla i ja pristajem na tebe
koja si me pronašla kako razgledam po radnji
jednog popodneva pre četiri godine
i od tada sa mnom provela svaku noć.
Kako ti izgledaju moje mornarske oči posle toliko
vremena?
Da li sam ono što si očekivala?
Da li smo suviše zajedno?
Da li se Sudbina uplašila velikog turskog peškira,
našeg poznavanja kože jedno drugog,
naše ljubavi koja je čuvena u ovom kvartu,
našeg dogovora da u stvarima duha
ja treba da budem Čovek sudbine
a ti Žena Kuće.

KRALJICA VIKTORIJA I JA

Kraljice Viktorija
moj otac i sav njegov duvan voleli su te
Ja te takođe volim u svim tvojim oblicima:
vitka neprivlačna device koju bi svako prevrnuo
bela priliko što ploviš među nemačkim bradama
opaka vladarko velikih ružnih geografskih mapa
usamljena narikačo za princom
Kraljice Viktorija
prozebao sam i pokisao
prljav sam kao stakleni krov železničke stanice
Osećam se kao prazna izložba livenog gvožđa
Želim da sve bude ukrašeno
jer je moja draga otišla sa drugim momcima
Kraljice Viktorija
imaš li spremnu kaznu ispod te bele čipke
hoćeš li požuriti s njome
i naterati je da čita male Biblije
hoćeš li je isprašiti mehaničkim steznikom
Želim da ona bude čista kao moć
Želim da joj je koža malo plesniva od podsuknji
Hoćeš li da joj iz glave izbiješ bidea
Kraljice Viktorija
ja nisam previše zadojen modernom ljubavlju
Hoćeš li doći u moj život
sa svojom tugom i svojim crnim kočijama
i svojim savršenim pamćenjem
Kraljice Viktorija
dvadeseti vek pripada tebi i meni
Hajde da budemo dva strašna džina

(ne manje usamljena što su ortaci)
koja kvare boju epruveta u hramovima nauke
koja su nepoželjna na svakom svetskom vašaru
natovarena poslovicama i ispravkama
zbunjujući turiste što pilje u zvezde
našim jedinstvenim osećanjem gubitka

ZIMSKI IZVEŠTAJ

Toronto je bio dobar prema meni
Odmarao sam se na televiziji
Napadao nekoliko unapred plaćenih poslova
Širio glasine o sebi
Izveštavao o talmudskoj svađi
     sa Jevrejskom zajednicom u Montrealu
Falsifikovao sam umrlicu
    za slučaj da moram nestati
Slušao torbara
    dok me blagosilja
Spavao iza svojih naočara za sunce
Prestao brinuti o bubuljicama
Sanjario sam da mi niko nije potreban
Suočio se sa sopstvenom klopkom
Zadržao mišljenje o stvarima
    o kojima nisam mislio ništa
Izazivao ponekad ono januarsko vreme
    samouverenim koracima tek zbog hrabrosti
Ne baš brižno
    razmišljao sam o budućnosti
i o tome koliko malo znam o životinjama
Budućnost je izgledala nepotrebno crna i teška
kao da je kroz crni indigo
poprimila moje slučajne greške

MUZIKA SE DOŠUNJALA POKRAJ NAS

Želeo bih da podsetim
upravu
da u piću ima vode
i da devojka koja je zadužena za šešire
ima sifilis
i da je orkestar sastavljen
od bivših SS-čudovišta
Pa ipak
pošto je ovo novogodišnja noć
a ja imam rak na ustima
staviću kapu od papira na svoj
potres mozga i zaigrati

OBMANE

Žao mi je što taj bogataš mora otići
i njegova kuća postati bolnica.
Voleo sam njegovo vino, njegove nemarne sluge,
njegove deset godina stare obrede.
Voleo sam auto koji je on vukao na sve strane,
kao puž kućicu, i voleo sam njegovu ženu,
sate koje je posvećivala svojoj koži,
mleko, požudu, fabrike
koje su radile za njen ten.
Voleo sam njegovog sina koji je izgledao kao Britanac
a imao američke ambicije
i zadovoljavao se da mu reč aristokrat
bude uteha dok je Kenedi na vlasti.
Voleo sam bogataša: teško mi je što vidim
kako se njegova pretplatna karta za operu
vraća u onu gomilu zaljubljenika opere.

Žao mi je što mora otići stari radnik
koji me je zvao gospodinom kad mi je bilo dvanaest
i ser kad sam imao dvadeset
koji se spremao protiv mene u mračnim udruženjima
socijalista što su se okupljali po kafanama.
Voleo sam mašinu koju je on poznavao kao ženino telo.
Voleo sam njegovu ženu koja je vežbala bankare
u nekoj ostavi metroa
i nikad se nije odrekla svojih ambicija u keramici.
Voleo sam njegovu decu koja debatuju
i prednjače na Mek-Gil univerzitetu.
Zbogom stari dobitniče zlatnog sata

sve tvoje kompleksne odanosti
moraju se sada pojaviti kao jednosmerni patrioti.

Zbogom narkomani sa ručkova u Severoistočnom
restoranu
oko 1948, vaše kašike što nisu bile od
švedskog čelika, imale su istu boju
kao gomila kuka i kopča
na odbačenim terapeutskim steznicima.
Voleo sam vaše dosetke o snegu
čak i kad su se nastavljale punih sedam meseci
montrealske zime. Mogli biste napisati memoare
za Psihodeličku reviju.

Zbogom homoseksualci sa Dabrovog jezera
koji ste sanjali da vas protresu
električne mašine za mužu krava.
Vi niste imali Kanadski savet
Vi ste morali da nagovarate momčiće
džepnim nožem.
Voleo sam vašu izjavu za štampu:
„Nisam mislio da će on imati nešto protiv.''
Zbogom brbljiva čudovišta
Abot i Kostelo susreli su Frankenštajna.

Žao mi je što teroristi moraju otići
oni koji su me uplašili pokazujući mi
spisak svih članova moje porodice.
Voleo sam način na koji su odložili suđenje
Džingis-Kanu. Oni su me voleli
jer sam im rekao da sa svojim bradicama
izgledaju kao savršeni dvojnici Lenjina.
Bombe su eksplodirale u Vestmauntu
i sada se oni stide
kao iskreni šopenhauerist
čiji je sobni kolega izvršio samoubistvo.
Iznenada svi oni prave filmove.
Nemam koga da častim kafom.

Ja prihvatam postojanost:
ljudi koje čuvaju u državnim azilima
zaboravnih kao Hasidim
verujući da su oni neko drugi.
Bravo! Abelare, viva! Rokfeleru,
poslužite se ovim kolačićima, Napoleone,
ura! prevarena vojvotkinjo.
Živeli vi što sami sebe zloupotrebljavate!
vi monoteisti!
vi što ste bliski Apsolutnom
varanju ukrug!
Vi ste sva moja uteha
dok se okrećem da se suočim sa osinjakom
dok sramotim svoj stil
dok kvarim svoju prirodu
dok smišljam šale
dok podižem svoje podvezice
dok prihvatam odgovornost.

Vi me tešite
nepopravljive izdajice samih sebe
dok se klanjam pred modom
i prinosim svoj um kao što stjuardesa
        kojoj je zabranjen seks
deli padobrane dok se avion ruši
prinosim svoj iskasapljeni razum
da se pomiri sa činjenicama.

JEDNA OD ONIH NOĆI
KAD SE NISAM UBIO

Igrate nad danom koji ste spasile
moji teoretski anđeli
kćeri nove srednje klase
što držite usta poput Brižit Bardo
    Dođite moje dragane
filmovi su istiniti
Ja sam slatki izgubljeni pevač čiju smrt
u magli samleše među opuške cigareta
vaše nove čizme visokih potpetica
Ove večeri šetao sam pristaništem
tražeći jeftino prenoćište
ali noćas ću spavati
sa vašim podvezicama sklupčanim u mojim cipelama
kao dûge na letnjem raspustu
sa vašom nevinošću koja vlada
grobljem prezervativa kao sledećom šansom
Verujem verujem
četvrtak 12. decembar
nije noć
i ja ću ponovo ljubiti oblinu dojke
malu bradavicu iznad mene
kao zalazak sunca

VELIKI SVET

Veliki svet će saznati
za ovu farmu
veliki svet će čuti
pojedinosti o onome što sam
stvorio u toj konzervi

A tvoj neobični život sa mnom
biće prepričavan toliko često
da niko neće verovati
kako si ostarila

JOŠ JEDNA NOĆ SA TELESKOPOM

Vrati mi se
    surovi prazni prostoru
Mršavo vizantijsko lice
    upravlja ovim novim postom
Slomilo me malo ljubaznosti
Ne dajte mi da budem
    ni otac niti dete
već onaj koji tka
na večnom beznačajnom razboju
    šare ratova i trava
što neće preživeti ovu noć
    Znam da su zvezde
mahnite kao prašina
i ne očekuju ništa ljudsko
    već se okreću od nebesa
do nebesa i zupcima svetlosti
    pribiraju naše živote

PARAZITI RAJA

EVO NAS NA PROZORU

Evo nas na prozoru. Veliki razvezani snopovi kiše
lutaju planinom, parade vetra i polegla srebrna trava.
Pošto sam pokušavao da odredim ime slobodi, danas
je moja sloboda bezimena, poput studentske sobe koja
putuje u jutro sa neprestano upaljenim svetlom. Svaki
čin ima svoj posebni vid slobode, ma šta to značilo.
Sada mi je određeno da mislim o korovu, da obožavam
snažni korov koji je rastao iz noći, zelen i vlažan, bela
nit korenja koje preuzima slučajna naređenja iz vijuga
moždane mase, propustljiva površina sveta. Da li ste
znali da se mozak razvio iz sloja epiderma? Da li ste
znali? Trake svile koje padaju, dužine reka presecaju
lice planine, sisteme trave i lanca. Sloboda je izgubila
svoje ime zarad načina na koji se stvari događaju.
Uspravna stabla, namotaji korova, pokrenuta povesma
kiše koja plovi kroz nabore planine — evo nas na
prozoru. Da li ste sada spremni? Da li sam odbacio
sebe? Mogu li da pucam iz kuka? Braćo, svaki na svom
prozoru, mi smo način velike strasti, mi smo poredak
načina, mi smo čisti način određen da očara nabore
neba.

VIDIM TE NA GRČKOM DUŠEKU

Vidim te na grčkom dušeku
kako čitaš „Knjigu promena",
libanski slatkiš u vazduhu.
Na belo opranom zidu vidim
da pokrećeš drugi heksagram
za isto staro pitanje:
Kako biti slobodan?
Vidim te čistiš
svoju lulu ukosnicom
nečije nevine noći.
Vidim plastično Zlo Oko
zakačeno za tvoje donje rublje.
Opet bacaš novčiće,
opet čitaš
kako su se delovi sveta
razmestili oko tvog pitanja.
Da li si stigao do Himalaja?
Da li si posetio onog monaha u Nju Džersiju?
Nikad nisam odgovorio ni na jedno tvoje pismo.
O Stive, da li me se sećaš?

(1963)

DVOJE JE ODLAZILO DA SPAVA

Dvoje je odlazilo da spava
gotovo svake noći
jedno je sanjalo blato
drugo je sanjalo Aziju
kako posećuje cepelina
kako posećuje Njižinskog
Dvoje je odlazilo da spava
jedno je sanjalo rebarca
drugo je sanjalo senatore
Dvoje je odlazilo da spava
dva putnika
Dugi brak u mraku
San je bio stari
putnici su bili stari
jedno je sanjalo narandže
drugo je sanjalo Kartaginu
Dva prijatelja usnula
godinama na putovanju
Laku noć dragi moj
dok su snovi mahali zbogom
jedno je putovalo lako
drugo je prolazilo kroz vodu
posećujući šahovski meč
svraćajući u telefonsku govornicu
uvek se vraćajući
da sačekaju dan
Jedno je nosilo šibice
drugo se popelo na košnicu
jedno je prodalo slušalicu

drugo je ubilo Nemca
Dvoje je odlazilo da spava
svaki put zajedno
lutajući sve dalje
od operacionog stola
jedno je sanjalo travu
drugo je sanjalo prečage
jedno se pomalo cenjkalo
drugo je bilo sneško belić
jedno je uvažavalo lekove
drugo je isprobavalo olovke
jedno je bilo dete
drugo je bilo izdajnik
posećujući tešku industriju
posećujući porodicu
Dvoje je odlazilo da spava
niko nije mogao predskazati
jedno je odlazilo sa korpama
drugo je nosilo nadgrobnu ploču
jedne noći srećni
druge noći u strahu
Ljubav nije mogla da ih veže
Strah nije mogao takođe
oni su odlazili odvojeno
nikad nisu znali kuda
uvek se vraćajući
da sačekaju dan
rastajući se s poljupcima
rastajući se zevajući
posećujući Smrt
dok nisu istrošili dobrodošlice
posećujući Smrt
dok je radila prava skrivalica

(1964)

OPET ZATEČEN KAKO BESTIDNO IGNORIŠEM LABUDOVE

Opet sam zatečen kako bestidno ignorišem labudove
koji razgaljuju gledaoce na obalama američkih reka;
opet sam zatečen kako dopuštam da mi istekne
povoljan ugovor jer telefon ima nekakvu čarobnu vezu
sa mojom pantljičarom; opet zatečen kako ostavljam
slavom ovenčano čovečanstvo u opasnosti od dugog
zvaničnog mira, dok se ono pripremalo za spomenik
u zapuštenim istorijskim zadnjim prostorijama; opet
zatečen kako ponižavam bankarskog službenika
fiksirjući ga pogledom, ponižavam dogmu umetnosti,
bića koja dangube i zveraju, i sve faze šapata genija;
opet sam zatečen kao odabrani predmet nebeske čežnje
slično pustinjaku koji se može namamiti da iz šume
viri u pretrpano parkiralište; opet zatečen kako
mirišem naftalinom poškropljene džempere, kako
titlujem porno-filmove, kako drešim viktorijanske
udice za losose fanatično ubeđen da je svet neusiljenog
ponašanja odmah tu iza ugla; opet zatečen kako
planiram idealnu godinu samoće koju iščekujem kao
prvu telesnu ljubav iz trećeg pokušaja; opet zatečen
kako lebdim poput dečjeg zmaja koji guta konac iznad
ruku što mene hrane, brbljiv pod uticajem astrologije;
opet zatečen kako se preporučujem lako dostupnom
lokalnom čistunstvu, dok svileno pentagonsko zlo kao
niko drugi može garantovati moju moć; opet zatečen
kako verujem da su moji prijatelji odrasli u raju i da
me neće povrediti kad ja najzad budem nenaoružan i
krajnje tih; opet zatečen na samom početku, veteran

nekoliko beskorisnih iskušenja, prorok ali novijeg datuma, čistunac za mase sutrašnjice; opet zatečen kako zaslađujem život koji sam ispustio poput otpuštenog čuvara zoo-vrta što krišom daje kikiriki slonovima čija je sodomija obelodanjena; opet zatečen kako se razmećem dugom koja dokazuje da sam sebi dozvolio samo ono što mi hitno treba; opet zatečen kako pobožno čistim jezik od svih mogućnosti, od svih mogućnosti osim one jedine savršeno moje.

(1964)

BIO JE HROM

Bio je hrom
i poput tronogog psa
koji skiči
došao je kroz maglu.

Ako si ti Svetlost,
daj mi svetlosti,
prijatelju.

(1965)

SUVIŠE SAM BUČAN
OTKAD SI OTIŠLA

Suviše sam bučan otkad si otišla
Ja sam Jovan Krstitelj, prevaren upravo vodom
i milosrdnom ljubavlju, divlji ali svima znan
Jovan od meda, od vremena, žudeći ne za
muzikom, već žudeći, žudeći da postanem Njegov
Ja sam oslabljen, ja krčmim Božju Reč
koju neće nadživeti komadi slomljenog kamena
Ja sam usamljen otkad tebe nema.

PADA SNEG

Pada sneg.
Gola devojka u mojoj sobi.
Zagleda ćilim boje vina.

Ima osamnaest.
Ima pravu kosu.
Ne govori kao u Montrealu.

Neće da sedne.
Ne izgleda naježeno.
Možemo čuti buru.

Pali cigaretu
na plinskoj peći.
Zabacuje svoju dugu kosu.

(1958)

RASPOLAŽI SA MNOM, KRVI, AKO IMAŠ PRIČU

Raspolaži sa mnom, krvi, ako imaš priču
da ispričaš sa mojim jevrejskim licem,
ti si još jaka i sveta, hajde govori,
kao „Knjiga svetlosti", o nedostupnom
mestu u koje moram da se razlijem poput vina,
o praznini u istoriji koju moram dosegnuti
i zauzeti, spokojan i potpun u tom ograničenom
prostoru,
postajući čist „kao dobro vino iznad taloga".

(1965)

MEĐU BADEMIMA LIMUNOVI

Među bademima limunovi
vetar i sunce čine što im je volja
Leptiri i oprano rublje lepršaju
Kosa moje drage žuta je kao maslac

Ose sa žutim brkovima čekaju
na hranu kraj njenog porculanskog tanjira
Tu su i mravi pored njenog malog stopala
da s njom podele ono što će ona jesti

Ko je srušio zvona što govore
svet je danas ponovo rođen
Hranićemo vas, dragi moji,
ovog jutra ili nekih kasnijih godina

SUZAN TE VODI DOLE

Suzan te vodi dole
do svoje kuće kraj reke,
m~žeš čuti kako prolaze čamci
možeš s njom provesti noć.
Ti znaš da je ona napola luda
ali baš zato želiš da si tu
i ona te hrani čajem i narandžama
koji stižu čak iz Kine.
Upravo kad pomisliš da kažeš
kako joj nemaš šta pokloniti,
prima te na svoju talasnu dužinu
i prepušta odgovor reci
da si oduvek bio njen ljubavnik.
    A ti želiš da s njom putuješ,
    da putuješ naslepo
    i znaš ona ti može verovati
    jer si dodirnuo njeno savršeno telo
    svojim umom.

Hristos je bio mornar
kad je hodao po vodi
i proveo mnoge sate gledajući
sa usamljene drvene kule
a kad se uverio
da ga mogu videti jedino utopljenici
on reče: ,,Svi ljudi biće mornari
dok ih more ne oslobodi'',
ali on sam slomio se
mnogo pre no što se nebo otvorilo,

porican, gotovo čovečan,
kao kamen potonuo je ispod tvoje mudrosti.
A ti želiš da s njim putuješ,
da putuješ naslepo
i misliš možda ćeš mu verovati
jer je dotakao tvoje savršeno telo
svojim umom.

Suzan te uzima za ruku
i vodi na reku,
obučena je u krpe i perje
sa tezgi Vojske spasa.
Sunce se poput meda sliva
na našu gospu iz luke
dok ti pokazuje kuda da gledaš
između smeća i cveća,
heroji su u morskoj travi
deca u jutru,
oni traže ljubav
oni će tako uvek činiti
dok Suzan drži ogledalo.
I ti želiš da s njom putuješ,
da putuješ naslepo,
a siguran si da te ona može naći
jer je dotakla svoje savršeno telo
svojim umom.

OVOG JUTRA OGRNUT SAM VETROM

Ovog jutra ogrnut sam vetrom.
Nebo reče: ,,Zatvori oči i nosi
to srećno lice ka suncu.''
Šuma reče: ,,Nije važno, tako sam stara
kao smaragd, ušetaj u mene ćaskajući.''
Selo reče: ,,Savršeno sam i složeno,
želiš li da odmah počneš?''
Moja draga reče: ,,Perem kosu vodom
koju smo uhvatili lani, ima ukus kamena.''
Ovog jutra ogrnut sam vetrom,
sredina je septembra 1965.

SNAGA ROBOVA

NISAM SE UBIO
(4)

Ovo je jedina pesma
koju mogu da čitam
Ja sam jedini
koji je može napisati
Ostali izgleda veruju
da ih može voditi prošlost
Moja sopstvena muzika
nije samo gola
Ona je raširila noge
Ona je kao pička
a budući pička
mora biti kućezadovoljna
Nisam se ubio
kada je krenulo nagore
Nisam se prepustio
drogama niti meditacijama
Probao sam da zaspim
ali pošto nisam mogao zaspati
pokušao sam da pišem
pokušao sam da pišem
nešto što bi u noćima poput ove
mogao čitati
čovek kao što sam ja

OPADANJE FORME
(16)

Nisam više u najboljoj formi
za pisanje pesama
Bolji sam
u garderobi sa Sarom
Ali na žalost ni u tom drugom carstvu
nisam više onako dobar
Potreban mi je
blagoslov moje sopstvene pažnje
Ko je mogao i pomisliti
da srce stari
od tuđih dodira

JEDINO ŠTO ŽELIM
(19)

Znam da ne postoji nešto tako
        kao raj ili pakao
Znam da je 1967
da ne spavaš: da li si spavala
sa bilo kom od mojih drugara
Nije to bilošta što želim znati
to je jedina stvar koju hoću da znam
ne o tajni Boga
ne o sebi
i da li sam zbilja onaj pravi
Jedina mudrost koju želim
jeste da znam da li sam
ili nisam jedini kod tebe

NAPREDOVANJE MOG STILA
(43)

Retko na tebe mislim draga
Noćas pravim sebi ustupak
sećajući se lepote koju si izgubila
u tridesetoj
ali to me ne vadi
Ne postoji oltar za moju pesmu

Živim sa jednom ženom u Montrealu
Inspiracija me je napustila
Digao sam ruke od velikog plana
Uz ostalo
premlatila me je
grupica simpatičnih svetih ljudi

Bilo bi mi drago da su ovde
drvo i kafé
uz priču mog najboljeg drugara
Pomogle bi butine
iz mojih starih pesama
Nijedna od pojedinosti ne može se pojaviti
iz političkih razloga

Moguće je primetićeš
da se još bakćem muzikom
dokona muzika za vrlo dokone
mogla bi da kažeš neiskorišćena
nastojeći da te dosegne kao računar
kroz rupice na papiru

DOBRODOŠLICA
(69)

Dobro došao kući
zadobi ponovo svoje kraljevstvo
devojke su te zaboravile
Merijen će ostati
lepo i neobično ime
uvek kad vidiš da to piše
Uđi sada
svi tajanstveni pejsaži
koje si napustio
i dalje su tvoji
ne bi ih smeo menjati
za mantiju zlato ili revoluciju
Prošetajmo osmom avenijom
zamoli bilo koga da ti da cigaretu

Nj. 1967.

STARI DOGOVOR
(91)

Rat nije više potreban
da te nauči
mučenju i patnji

Zato se ne ponosi sobom
kad se momci vrate svojim kućama
Tvoja stranka nije pobedila

To je stari dogovor
ona stara stranka
koja računa s robovima

PORUKA[1]
(93)

Dragi Majleru
nemoj nikad da se zezaš sa mnom
niti mi prilazi
da me muneš u stomak
u ime neke od tvojih teorija
Ukoliko doživim
i najmanje poniženje
od strane tebe
U .. ću te
zajedno sa celom porodicom

---

[1] „Poruka" upućena književniku Normanu Majleru. — *Prim. prev.*

LJUBAV
(95)

Ljubav je vatra
Ona sagori svakog
Ona razobliči svakog
Ona je opravdanje svetu
za njegovu nakaznost.

LAJTON I RAT[1]
(107)

Lajton nije bio u pravu
s onim oko rata
Bio je u pravu
u pogledu lepote i smrti
ali nije bio u pravu
s onim oko rata
Video sam ga gde spava
ispod Nijagarinih vodopada
Ne verujem i da pomišlja
da mi se izvini

---

[1] Irving Lajton (Irving Layton) kanadski pesnik — *Prim. prev.*

OPOMENA
(110)

Bilo koji sistem da pokušate bez nas
biće srušen
Već smo vas upozorili
i ništa što ste sagradili nije se održalo
Utuvite ovo dok se petljate sa pornografskom
štampom
Utuvite ovo dok zavrćete rukav
Utuvite već jednom
Bilo koji sistem da pokušate bez nas
biće srušen
Imate svoju drogu
Imate svoje oružje
Imate svoje Piramide i Pentagone
Sa svom tom vašom travom i mecima
više nas ne možete uloviti
Sve što o sebi uopšte otkrivamo
jeste ovo upozorenje
Ništa što ste sagradili nije se održalo
Bilo koji sistem da pokušate bez nas
biće srušen

SENKA DC-3
(116)

Ovde nema ničega
osim senke
jednog zalutalog DC-3
u kojem niko ne želi biti

Nacistički ratni zločinac
sinoć nas je posetio
veoma star čovek
sa padobranom od svile

I dalje volimo lepotu
koju gušteri pokazuju za nas
Jedra od crvene opne
nadimaju se iz njihovih guša

Želeli bismo češće da pišemo
ali smo zauzeti uvežbavanjem
psihičke samoodbrane
i ostalim ratnim veštinama

Napustili smo slobodnu ljubav
i uveli smrtnu kaznu
za određene zločine
Više ništa nije sigurno između muškarca i žene

Naše gostoprimstvo je jednostavno i formalno
ne upotrebljavamo narkotike
Pozdravljamo one koji dolaze i odlaze
Goli smo sa svojim prijateljima.

SMRT LJUBAVNIKA

(Novije pesme)

ŽIVIŠ KAO BOG

Živiš kao bog
negde iza mnogo imena
koja sam smislio za tebe,
telo ti je od mrežâ
u koje mi se zamrsila senka,
tvoj glas je savršen i nesavršen
kao latice koje predskazuju
sudbinu u bokoru bele rade.
Sopstvenog boga slaviš
maglom i lavinom
ali sve što ja imam
jeste tvoja religija neobećavanja
i spomenici što se ruše
poput zvezda u polju,
gde kažeš da nikad nisi zaspala.
Dok nokte doteruješ žiletom
i čitaš nešto poput
Priča Solomunovih
koje niko neće pisati za tebe,
odbačena opna glasa
koju tu upotrebljavaš
da u nju uviješ svoje ćutanje
unosi ozbiljnost među nas,
a neka mašinerija
našeg svakodnevnog života
utiskuje obično pitanje u njega
kao što se Očenaš diže
iznad novčića koji se kotrlja.
Čak i pre nego ću ti odgovoriti

znam da nećeš hteti slušati.
U istoj smo sobi,
niko ne zapisuje našu prošlost.
Ma ko da nas drži ovde sred Zakona,
čujem ga sada
čujem kako diše
dok veličanstveno veze naše jednostavne lance.

NE MORAŠ ME VOLETI

Ne moraš me voleti
baš zato što
ti predstavljaš sve žene
koje sam ikad želeo
Rođen sam da te pratim
svake noći
dok sam i dalje
mnogi ljudi koji te vole

Srećem te za stolom
držim tvoju šaku među rukama
u svečanom taksiju
budim se sam
s rukom na tebi odsutnoj
u Hotelu „Disciplina"

Sve ove pesme napisao sam tebi
pogoreo crvene i crne sveće
oblikovane kao čovek i kao žena
Venčao sam dim
dvema piramidama sandalovine
Molio sam se za tebe
molio da me voliš
i da me ne voliš

NE ZABORAVI STARE PRIJATELJE

Ne zaboravi stare prijatelje
koje si poznavala mnogo pre no što sam te sreo
ne zaboravi vreme o kojem ja ne znam ništa
jer sam onaj
što živi sam
i posećuje te jedino iznenada

DOBRO JE SEDETI SA SVETOM

Dobro je sedeti sa svetom
   koji leže tako kasno
tvoji drugi domovi potapaju se
i druga jela si ostavio
   nezavršena na tanjiru
samo zbog kafe
   i cigarete pijaniste
i pesme Tima Hardinga
i pesme u tvojoj glavi
   koji te nagone da čekaš
Mislim na tebe
   mala Frederiko
sa tvojom belom kožom
i tvojim pričama o bogatstvu
   u Normandiji
Izgleda da ti nikad nisam rekao
da sam hteo spasiti svet
gledajući televiziju
   dok smo vodili ljubav
naručujući grčko vino i masline za tebe
dok je moj drugar posipao
dolarske novčanice iznad glave
trbušne pevačice
uz klarinete sa Osme avenije
slušajući tvoje planove
o jednoj ekskluzivnoj prodavnici
kućnih ljubimaca u Parizu
   Tvoja majka mi je telefonirala
kaže da sam suviše star za tebe

i ja sam se saglasio
ali ti si došla u moju sobu
jednog jutra posle toliko vremena
rekla si da si me volela
    Povremeno srećem ljude
koji kažu da su ti davali novac
a neke devojke su rekle
da ti u stvari nisi foto-model
Zar oni ne znaju šta to znači
biti usamljen
usamljen za kuvana jaja u srebrnim šoljama
usamljen za velikog psa
koji se pokorava tvome glasu
usamljen za kišu u Normandiji
viđenu kroz prozore optočene olovom
usamljen za brza kola
usamljen za asparagus u restoranu
usamljen za jednostavnog princa
i istraživača
Siguran sam da znaju
ali smo svi mi spodobe zavisti
hoćemo našim kamenim noktima
po tuđoj lepoti
mi zahtevamo skrivenu ljubav
od svakoga koga sretnemo
skrivenu a ne svakodnevnu ljubav
    Tvoje grudi su veličanstvene
topli porcelanski ukus
pohlepe i požude
    Tvoje oči mi dolaze
ispod savršenih klasova
večnih trepavica
    Tvoja usta žive
od francuskih reči
i od mekog praha tvoje šminke
Samo s tobom
    nisam sebe imitirao

samo s tobom
    nisam tražio ništa
tvoji dugi dugi prsti
što odgonetaju tvoju kosu
    tvoja mrežasta bluza
pozajmljena od fotografa
svetla kupatila
što bljeskaju na tvojim novim crvenim noktima
tvoje duge noge u prvom planu
    dok te posmatram iz kreveta
a ti brišeš maglu
    sa ogledala
da bi ono radilo iza neprijateljskih linija
    tvog remek-dela
Dođi k meni ako ostariš
dođi k meni ako se uželiš kafe

RAZLOG ŠTO PIŠEM

Razlog što pišem
jeste da napravim nešto
lepo poput tebe

Kad sam s tobom
želim da budem onakav heroj
kakav sam hteo da budem
kada mi je bilo sedam godina:
savršen čovek
koji ubija

OSOBA KOJA JEDE MESO

Osoba koja jede meso
želi da zarije svoje zube u nešto
Osoba koja ne jede meso
želi da zarije svoje zube u nešto drugo
Ako vas ove misli privlače čak i za tren
vi ste izgubljeni

LAGANO SE VENČASMO

Lagano se venčasmo
Lagano i s gorčinom zadobih njenu ljubav
Venčah se telom njenim
    u dosadi i radosti
Lagano sam joj prilazio
Lagano i zlovoljno prilazio njenom krevetu
Prilazio njenom stolu
zbog gladi i zbog navike
    prilazio da jedem
Lagano se venčasmo
niko nam nije odobrio
niko nas nije blagoslovio
ni za čiji račun
    usred glasnih opomena
    usred otvorenog podsmeha
Približavam se njenom mirisu
    raširenih nozdrva
Približavam se njenoj požudi
    sa semenom za dete
Godinama dolazeći
i godinama odlazeći
    Lagano se venčasmo
Lagano pokleknusmo
I najzad smo ranjeni
    toliko duboko i toliko teško
da nas više niko ne može ozlediti
izuzev Smrti same.

I kroz ukupan san Smrti
pokrećem se njenim usnama
San je noć
      ali je poljubac večit
Lagano joj prilazim
      lagano svlačimo
odeću naših podozrenja
      i lagano se venčavamo.

KNJIGA MILOSTI

(2)

Kad napustih vladara, započeh uvežbavati ono što ću saopštiti svetu. Usledile su duge probe ispunjene korekcijama, zamišljanjem aplauza, poniženjima, osvetničkim pretnjama. Biće je moje oteklo dok sam kovao zaveru sa sopstvenom ambicijom. Borio sam se, širio, a kada dođe određeno vreme, rodih majmuna. Nakon kraćeg i neizbežnog nesporazuma, majmun se ustremi na mene. Hramljući i spotičići se pobegoh nazad u vladareve blistave dvore. „Gde ti je majmun?" pita vladar. „Dovedi mi svoga majmuna". Posao sporo napreduje. Majmun je ostareo. Krevelji se iza rešetaka oponašajući naše ruke u snu. On se ruga mom službenom osećanju za žurbu. Kakav je vladar, hoće da zna. Kakav dvor? Kakav put?

(6)

Sedi, gospodaru, na ovu jednostavnu klupu
pohvala, i raspolaži mojim uzdrhtalim srcem u tvojim
slavnim slobodarskim odlukama. Odvojio si me od
vremena da bih bdeo nad svojim svakodnevnim
poslovima. Zamesio si me od izmaglice i praha ne bih li
upoznao bezbrojne svetove između krune i carstva.
Pristupih tebi potpuno poražen, ali me ti tako lepo
primi da mi je strašno i sećati se. Večeras dolazim opet,
uprljan planovima i uhvaćen u samoću svoga nevelikog
delokruga. Prostri svoj zakon na ovo zidom opasano
mesto. Odredi neka me devet ljudi pomene u
molitvama svojim, tako da ih ja mogu tiho izgovarati
zajedno s njima. Neka je blagosloveno tvoje carstvo,
odsad zanavek.

(18)

U ovoj krčmi znan sam svima. Kada dođem iz vinograda — istog časa prinesu mi piće. Dok razgovaram sa gazdaricom, u znak poštovanja uvek skinem naočare za sunce. Ovde mogu razmišljati o Rimljanima, o njihovim pobedama, i o nama, sićušnom trunu u njihovom oku. Vlasnici krčme su kao i ja izbeglice, narod raseljen poput ovdašnjih gostiju koji, kao da je naređeno, svi odreda nose tamna odela i otkrivaju zlatne zube kad su im u ustima muštikle. Naša deca uče rimske škole. Mi srčemo kafu, pijemo nekakav žestoki konjak željno očekujući povratak unučadi. Naše nade polaze od toga da klija seme nostalgije. Kartaši u uglu, s vremena na vreme dižu svoje čaše i nazdravljaju. I ja tada podignem čašu prihvatajući njihovo nemušto odobravanje. Lete karte između prstiju i plastične površine stola: to su stare karte, njima dobro znane, tako da ih i ne moraju okretati i videti ko je pobednik. Smiluj se, ti koji si rođen u okruženju unapred datih predviđanja. Strepite, vi gospodari bezbednosti; vaše se gvožđe pretvara u staklo, i vaša reč, koja će ga razneti, već je izgovorena.

121

(26)

Sedi i budi miran. Neka ramena igrača izrastaju iz tvojih ramena, grudi igrača iz tvojih grudi, slabine igrača iz tvojih slabina — kao god i bedra, kukovi. Neka se iz tvoje šutnje otvori grlo koje se oglašava, a iz tvoje zbunjenosti progovori čista pesma, za kojom se kreće igrač i lepotom služi božanstvu. Ako igrač padne, ponovo ga pokreni sa stolice. Čak i ogorčen čovek je u stanju da jednom takvom vežbom slavi Stvaranje, čak i tvrd čovek može da se onesvesti, dok će srce onog koji je odgovoran sasvim omekšati.

POEZIJA TESKOBE I NADE

Leonard Norman Koen (Leonard Cohen) kod nas, pa i u svetu, poznatiji je kao kantautor nego kao pesnik i prozni pisac. Krajem šezdesetih i u sedamdesetim godinama bio je jedan od simbola mlade generacije. U tom pogledu, po vokaciji je nešto između Boba Dilena i Alena Ginzberga: dakle, rok-zvezda i pesnik. No, ovaj Kanađanin jevrejskog porekla i više je od toga — pesnik, romansijer, kompozitor, pevač i muzičar. Naizmenično raste i opada zanimanje za Koenovu muziku i knjige, ali mu je upravo ta kombinacija pomogla da proputuje svet i da na raznim stranama ostavi tragove svog umeća.

Rođen 1934. godine u Montrealu, Leonard Koen je ušao u književnost 1956. godine, zbirkom *Hajde da poredimo mitologije (Let us Compare Mythologies)*, koju su više nego bagonaklono dočekali akademski kritičari, kolege pesnici i upućeniji čitaoci. Te godine mu je pripala i Književna nagrada Mek Gil univerziteta. Ubrzo su pristigle tri nove knjige: zbirka stihova *Kutija sa začinima zemlje (The Spice-Box of Earth)* 1961, roman *Omiljena igra (The Favourite Game)* 1963. i pesme *Cveće za Hitlera (Flowers for Hitler)* 1964. Mada je dobio još dve nagrade: Kanadskog saveta i Književnu nagradu Kvibeka, sve ovo autoru nije donelo veću korist. Prema već raširenoj legendi, bio je više gladan nego sit. Srećom, posle 1966. godine usledio je vrtoglavi uspon Koena kao pevača sopstvenih balada. Između 1967. i 1981. godine objavio je desetak LP-albuma, od kojih su tri licencno ponovljena u našoj zemlji. Već pomenute, 1966. godine, pojavile su se još dve njegove knjige: pesme *Paraziti raja (Parasites of Heaven)* i roman *Divni gubitnici (Beautiful Losers)*, koji je definitivno učvrstio svetsku slavu Koena.

Za multimedijski prestiž značajne su bile još nekolike stvari: evropska turneja (1970), rad na televiziji i filmu, pri čemu je zabavno-muzička emisija Kanadske Televizije „Ja sam hotel" — s Leonardom Koenom, naravno — bila pobednik na Festivalu „Zlatna ruža Montrea", 1984. godine. Sa velikog ekrana izdvajaju se dva ostvarenja: „Dame i gospodo. . . Leonard Koen", u proizvodnji Nacionalnog odbora Kanade za film, i „Ptice na žici", u režiji engleskog muzičkog kritičara i sineaste Tonija Palmera, nama poznatijeg po TV-seriji „Sve što želite jeste ljubav".

Važan gogađaj u ovoj književnoj radionici bile su *Izabrane pesme, 1956—1968*, u koje su uvršćeni najbolji stihovi iz prethodne četiri zbirke, ali i dvadesetak novih pesama. Jedina kod nas prevedena pesnička knjiga, *Snaga robova (The Energy of Slaves)* štampana je 1972. godine. Izdanje je ponovljeno u Njujorku 1973, odakle ga je preuzeo BIGZ (1981). Prevodilac je bio Vladimir Bajac, a vrlo razložan predgovor napisao je Milan Vlajčić. Postoje još tri Koenove zbirke pesama: *Smrt ljubavnika (Death of a Lady's Man)* 1978, *Novije pesme (Recent Poems)*, godinu kasnije, i *Knjiga milosti (Book of Mercy)*, 1984.

Umetnik koji je deo života proveo u Sjedinjenim Američkim Državama i Grčkoj, na mnogim putovanjima, i koji je za prilike u Americi veoma dobro obrazovan, računajući klasičnu, antičku i ranu hrišćansko-jevrejsku književnost, sebe vidi kao helenistu zalutalog u moderno doba. Razumljiv je, otuda, njegov pesnički gest neprilagođenosti, upitanosti i pobune protiv banalno jednolične svakodnevice. S razlogom nevesela, pokašto moralizatorska, Koenova pesma problematizuje okolnosti kada veliki biznis preoblikuje dušu i telo, pri čemu oko većine ljudi zjape intelektualne i moralne provalije. S blagim ukusom cinizma, koji je obigrao svet sredinom šezdesetih godina, zaokružuje se jedan specifičan pogled u okolnosti gde ništa nije sveto, dok je sumnja predominantno raspoloženje.

Iz ovako ovlaš naznačenog miljea začinje se Koenov lirski monolog. To, međutim, nije podsticanje na zaveru niti suđenje civilizaciji. Pre bi se moglo govoriti o potrebi da se otkrije istomišljenik, srodna duša. Iz ove pesme dade se naslutiti da su dobri i stidljivi ljudi u većem broju nego što se obično pretpostavlja. No, oni su potisnuti, pogotovo potisnuti izvan vlasti. Mada to nigde eksplicitno ne kaže, Koen bi želeo da ohrabri istinsku pamet i zapretanu osećajnost. Promena bi mogla ići u dva smera: da povrati najbolje tradicionalne vrednosti i da čovečanstvo (već koliko se može) leči od sebičnosti, usamljenosti i netrpeljivosti. Rezervna snaga žuđene promene — kakvog li paradoksa! — za Koena jesu žene.

„Voleo bih da žene požure i uzmu stvari u svoje ruke", piše on. „To će se doista dogoditi pa se stoga priklonimo promeni. Onda ćemo konačno razumeti da su žene zbilja snaga i duh koji drži sve na okupu, a da su muškarci pričalice i umetnici. Onda bismo mogli da se pozabavimo svojim detinjastim poslom, dok bi žene održavale svet u životu."

U postvarenoj svakodnevici, sposobnost da se voli, da žena i muškarac budu bliski, za pesnika ima više funkcija. Najpre je lakmus kojim će se otkriti naša zastranjivanja. Odmah zatim, nežnost je smisao egzistencije. I najzad, to je moć koja još može ponešto spasti u okruženju samoće, dosade, mržnje i ratova, podvala i laži, nepravdi. Ljubav spada u nevelik zbir časnih stvari kojima se možemo odupreti zlu i njegovoj rodbini.

„Ljubav je vatra
Ona sagori svakog
Ona razobliči svakog
Ona je opravdanje svetu
za njegovu nakaznost."

(Snaga robova, 95)

Ako se citiranim stihovima oduzme nešto malo patetike, pojavljuje se odgovarajući intelektualni i moralni naboj, koji je, s mnogo razloga, ovu poeziju učinio dovoljno komunikativnom i privlačnom. Čovek koji razume, koji ima bistre misli i čije srce udara „kao nekad", takav čovek poseduje suštinsku vrlinu da govori u ime svoje generacije. Mislim da je šezdesetih godina ovo bila prednost i šansa pesnika Leonarda Koena. Ostalo je, ipak, stvar tehnike i talenta.

Kada se već daleke 1956. godine, zbirka pesama *Hajde da poredimo mitologije*, pojavila gotovo uporedo sa poemom *Urlik (Howl)* Alena Ginzberga, američka kritika odmah je uočila srodnost — naravno i razlike. Ginzberg je ogorčeni pobunjenik, govorili su, dok iz Koenovog stiha navire prigušeni gnev. Kod njega, čulo se i takvo mišljenje, aktuelno iskustvo odmerava se klasičnim (mitološkim) obrascima. Ovu poslednju ocenu treba retušitari: zapravo se dogodio srećan spoj pesnikovih lektira i urbanog života, spoj suprotnosti koji miri jedna nežna nota, glas-opomena.

U *Kutiji sa začinima zemlje*, vrlo značajnoj knjizi za ovaj opus i inače celovitom delu, Koen se još više približio modernom senzibilitetu. Okvir je isti: ugroženost, postvarenost, prijateljstvo, ljubav. Ali

125

nešto od ranije ironije prometnulo se u podsmeh samome sebi, u onaj ton koji je oblikovao *Divne gubitnike*. Uočava se i naglašeno filosofski odnos prema zajednici muškarca i žene, prema putenosti, prema svetu i njegovim vrednostima. Više uzgred, pesnik će, lako i efektno, demistifikovati spisateljski zanat, dok će kao antiteza moćnim strastima, što se možda ne bi očekivalo, progovoriti jedna dirljiva nežnost prema deci i takozvanim pravim ljudima. Zbirka doista neobična i mudra.

Sledeća dela: *Cveće za Hitlera* i *Paraziti raja* dvojako se doživljavaju. S jedne strane, uočava se pesnikovo dozrevanje u već oprobanom maniru. S druge, učinjen je napor da se, čak i nauštrb mitološke potke, nastavi jedno razložnije odgonetanje sopstvene osećajnosti, ali i odgonetanje surovog i nepravedno ustrojenog grada. U prvoj od dve zbirke nešto je naglašenija kritička dioptrija, kroz koju se promatra život. U drugoj, odrešitija je težnja za promenom, računajući i stvaralačke méne. Moguće je, takođe, da su ovde nešto glasniji rezignacija i zamor, zbog okolnosti izvan pesnikove volje.

U *Izabranim pesmama, 1956—1968,* bez žurbe i s merom provetrava se ukupan stvaralački postupak. Izbor nas je, kako se videlo, lišio nedovoljno ubedljivih stihova i, prilično zgusnuto, predočio osnovne pesnikove vrline. Već pomenutih dvadesetak novih pesama ništa suštinski ne menjaju. Moć Leonarda Koena sadržana je u jednostavnosti, u ubedljivom kolokvijalnom jeziku, u naglašeno ličnom tonu, u veštini da se prave neočekivana poređenja između sadašnjih situacija i onih iz prošlosti. Kritičari se slažu da je Koen najbolji tamo gde je — jednostavan. No, činjenica je i to da je ovaj pesnik iz svoje fraze zauvek prognao dosadu. Kloneći se hermetičnosti i tu i tamo pomodnog šifrovanog govora, na radikalno očišćenom tlu od stereotipa, u prostoru koji oblikuju ritmovi dvadesetog veka, Koen je pokazao primerno majstorstvo i snagu moderne pesme.

Zbirke *Snaga robova* i *Smrt ljubavnika,* u svemu potvrđuju već zasnovane sudove. Ispisivala ih je osvojena veština, ali to nisu i njegova najbolja ostvarenja. S prvom knjigom, sastavljenom od sto šesnaest pesama, Koen je iza sebe ostavio mladost i kolektivna uzbuđenja posleratnih generacija: rokera, bitnika, hipika, šminkera i uopšte sveta promene. Strasti se pomalo stišavaju, ali zato raste ironični komentar svemu postojećem. Promenjene su ravnoteže, no dijalog traje — bolje reći, nastavlja se sporenje, neveselo inventarisanje okolnosti i opšte usamljenosti. Druga knjiga, u sličnom maniru, delo je čoveka koji je prevalio četrdeset pet godina. Sve je tu — i nekadašnje oštro oko, i nepotrošeni talenat, i jasna misao, ali je možda iščilelo ponešto od ranije sklonosti igri, lakoće iskaza i stvaralačke autentičnosti. Pažljiv čitalac sada uoči i poneku krupniju reč bez pokrića, uoči lak zamor od dugogodišnjeg sporenja sa velegradom. Oglasi se i nešto direktnija društvena kritika. Ne treba, ipak, brinuti: Leonard Koen još nije završio svoj lirski iskaz. Muzičko-scenski angažman učinio je da malo zadrema njegovo lirsko čulo. Ali čim se trgne, čim širom otvori oči, naš pesnik ponovo vidi sve. To lepo potvrđuju i najbolji od njegovih najnovijih stihova.

Na prvi pogled, *Knjiga milosti,* koja je došla potkraj treće decenije stvaralaštva, čini se prilično apartnom u Koenovom opusu. Tih pedeset pesama, reklo bi se, predstavljaju neprekinutu molitvu Bogu, večnosti, silama iznad čoveka. Tako, ipak, nije. Nova pesma u ponečem je i stara: zatvara krug upravo sa prvom zbirkom, *Hajde da poredimo mitologije,* pri čemu postaje sasvim prirodno naslanjanje na jezik starozavetnog propovednika, na *Pesmu nad pesmama, Psalme Davidove.* . . Došao je i taj trenutak da se odrešitije zaviri u sopstvenu dušu, da se bez žurbe promisli o pređenom putu — a sve to bez onih mladalačkih zaricanja da će se uraditi ovo ili ono. I da sve bude kako treba, pesnik je gotovo u celini postigao nekadašnju ravnotežu. Govor je sažet, pročišćen, ubedljiv. . . Tako se, na najlepši način, produžava jedna pesnička avantura, čija su osnovna uporišta neposrednost, lična hrabrost i iskrenost, preziranje tabua i dogmi, nepatvorena erotika, pamet i urođeni osećaj za igru, dakle za pesmu.

Izbor koji smo ponudili čitalačkoj radoznalosti obuhvata sve Koenove pesničke knjige, pri čemu je laka prednost data *Izabranim pesmama, 1956—1968.* Mislimo da za takvu prezentaciju ima puno opravdanja. Vatra koja gori između korica, gde se našlo na okupu verovatno najbolje iz deset zbirki, ravna je prvorazrednom uzbuđenju. Iako drukčija, ova poezija je dovoljno prihvatljiva i za naše prilike. Poštovaoci Koenove muzike lako će uočiti da kanadski stvaralac ne krčmi svoj talenat. Pesnik i kantautor nimalo ne smetaju jedan drugom. Mnogi stihovi, koji su komponovani i pevani, uopšte nisu štampani! No, još je više pesama koje njihov tvorac nije ni pokušavao muzički aranžirati. I upravo iz te činjenice nudi se dodatno uzbuđenje. Posle muzičkih balada, posle više slučajnih izbora, evo nam celovitog Leonarda Koena pesnika. A možda nećemo još dugo čekati da nam se otkrije i njegova proza?

127

,,Kada sam gladan, onda sam velik", izgovorio je Koen u času koji ga je sasvim približio četrdesetoj godini života. Te reči i danas, deceniju i po kasnije, možda bi mogle biti pravi ključ za promišljanje ovog pesničkog umeća. Autor, koji je našom krivicom i na našu štetu uglavnom promakao ne baš malenoj prevodilačkoj radoznalosti, dao je sasvim lep prilog pesništvu teskobe i nade, lirskom protestu u najboljoj tradiciji putujućih pevača, poput već pomenutog Boba Dilena ili Bulata Okudžave, Žaka Brela, Žorža Brasansa i drugih.

Pančevo — Goč,
jun 1985.   Bogdan MRVOŠ

SADRŽAJ

Hajde da poredimo mitologije

Kutija sa začinima Zemlje

Cveće za Hitlera

Paraziti raja

Snaga robova

Smrt ljubavnika: Novije pesme

Knjiga milosti

RAD
Beograd
Moše Pijade 12
*

Glavni urednik
Dragan Lakićević
*

Za izdavača
Milovan Vlahović
*

Lektor
Jovanka Arsenović
*

Korektor
Miroslava Stojković
*

Nacrt za korice
Janko Krajšek
*

Štampano u
4.000 primeraka
*

Štampa
GRO ,,Kultura''
OOUR ,,Slobodan Jović''
Beograd
Stojana Protića 52

КАТАЛОГИЗАЦИЈА У ПУБЛИКАЦИЈИ (CIP)

820-(71)-1

КОЕН, Леонард
Napredovanje stila : izabrane pesme / Leonard Koen ; [izbor, prevod i pogovor Bogdan Mrvoš]. — Beograd : Rad, 1988.-
131 стр. ; 18 см. — (Reč i misao. Nova serija ; 415)

Poezija teskobe i nade: стр. 123—128.

820(71).09-1

ПК: а. Коен, Леонард (1934—   ) — Поезија

Обрађено у Народној библиотеци Србије, Београд

ISBN 86-09-00142-3

.

www.ingramcontent.com/pod-product-compliance
Lightning Source LLC
LaVergne TN
LVHW051114080426
835510LV00018B/2039